Alles nichts Neues

Ein Abgesang

Adaptionen bekannter deutscher Gedichte
und Lieder vom Mittelalter bis heute

Almut Weitze

Bibliografische Information der
Deutschen Nationalbibliothek: Die
Deutsche Nationalbibliothek verzeichnet
diese Publikation in der Deutschen
Nationalbibliografie; detaillierte
bibliografische Daten sind im Internet
über http://dnb.dnb.de abrufbar.

Bilder: Umschlag und Buch – Almut
Weitze

Herstellung und Verlag:
BoD – Books on Demand, Norderstedt

ISBN: 978-3-7504-3127-0

Inhalt

Inventur des Denkens

ich denke, also bin ich
ich denke, was ich will
ich denke, was sie wollen
ich will

Nichts ist mein

Nichts ist mein und nichts ist dein
Das sollt uns wohl bewusst sein
Wir sind verschlossen
In unseren Herzen
Verloren der Schlüssel zu ihrem Tor
Bleich stehen wir immer nur davor

Aus tiefer Not schweig ich

Aus tiefer Not schweig ich zu dir,
Gewissen hör mein Rufen,
Doch Ohren kehre ab von mir
Und denen, die mich schufen.
Die Sünden, die ich hab getan,
sie waren menschlich, nicht nach
        Plan,
wie die aufgespielter Richter.

Es steht in Gottes Macht allein,
dass Sünder er wohl richtet.
Doch fürchten muss man nur die Pein
von dem, der ihn vernichtet.
Dann können alle wir nur hoffen,
dass in des Herzens Dunkel noch
        offen
ein kleiner Funke Mitleid glüht.

Banales E(le)nde

Was sind wir heute noch? Die Hülle
        schlechter Scherze,
Ein Ball für falsches Spiel in
        virtueller Zeit,
Ein Schlachtfeld trivialen Leids,
        umkämpft von blankem Neid,
Ein bald verwehter Geist in
        abgeklärtem Herze.

Dies Leben rinnt dahin in Banalität
        und Schmutz.
Die vor uns abgelegt des schwachen
        Geistes Kleid
Und in das digitale Netz der
        Dümmlichkeit
Längst eingesunken sind, tragen
        Gesicht nur als Fassadenputz.

Verkauft und verraten, in Sicherheit
gewiegt
Und wie vom Preis verschreckt, der
viel zu niedrig liegt,
So zucken wir nur müd, da unsere
Trägheit siegt.

Was jetzt noch denken kann, muss
bald schon schweigen ganz.
Was dann zu denken wagt, tanzt
einen Totentanz.
Was bleibt wohl? Wir schwinden wie
verblasster Lichterglanz.

Denkers Nachtlied

In den großen Köpfen
Ist Ruh,
In allen Augen
Siehest du
Da ist nur Show;
Warte nur, balde
Sinket auch dein Niveau.

Abbild

Freunde, tief sind wir gesunken,
verloren das Elysium,
wir betreten zornestrunken,
Höllische, dein Heiligtum.
Nun gibt 's nichts mehr, das uns
      bindet,
wenn der Neid uns von uns trennt
und der Mensch in uns erblindet,
Ewigkeit geringer ist als ein Moment.

Lasst mich gehen, Millionen!
Letzten Kuss schickt in die Welt!
Unter unserm Himmelszelt
geht 's nicht ums Schöpfen, sondern
      Klonen.

Wem das große Bild gelungen,
Abbild seiner selbst zu sein;
wer mit der Reflexion gerungen,

mische seinen Zweifel ein!
Ja – wer auch nur einen Gedanken
sein nennt in der Dichterwelt,
den werden wenige umflanken,
denn Geist wird nicht mehr
       ausgestellt.
Seid umschlungen, leere Phrasen!
Hülsen füllt auch eure Welt!
Mit Wortkadavern lasst uns aasen,
mit Sinnleichen, hübsch entstellt!

© Almut Weitze

Namensänderung

Hat der alte Tischlermeister
sich nach Chile wegbegeben!
Und nun soll der alte Kleister
führen jetzt die Untergebnen.
Wort und Taten
gleichen sich bis aufs Haar,
nur der Name ändert sich,
macht uns unfruchtbar.

Diene, diene
ohne Frage,
zeig gut' Miene
zur Routine,
da fest sind unsre Handlungen
und frei von allen Wandlungen.

Und nun komm, Ossi aus Dresden!
Schluck endlich die bittren Pillen;
bist schon immer Knecht gewesen:
nun erfüll auch unsren Willen!
Auf zwei Beinen laufe,
denke ohne Kopf,
arbeite und schnaufe
für Billiglohn, du Tropf!

Diene, diene
ohne Klage,
deine Plage
wird Routine,
da fest sind unsre Handlungen
und frei von allen Wandlungen.

Seht, er läuft zur Demo wieder,
akzeptiert nicht den Beschlusse
und mit Zornesröte wieder
lamentiert er zum Verdrusse.
Schon zum zweiten Male!
Wie der Kamm mir schwillt!
Wie sich das Mediale
voll mit Rage füllt!

Schweige! Schweige!
Denn wir haben
deiner Klagen
vollgemessen! –
Ach, ich ahn es! Wehe! Wehe!
Hab ich doch die Schuld vergessen!

Ach, die Schuld, worauf am Ende
wieder wird, was einst gewesen.
Ach, er drängt auf eine Wende!
Wärst du doch das dumme Wesen,
das ich mir erträumt!
Nun wird alles zum Malheur.
Ach! Und wie er überschäumt,
verfluchter Provokateur.

Nein, nicht länger
lieb ich Massen;
muss sie fassen.
Und zum Glücke
wird statt enger
Größer nun die Bildungslücke!

O du Ausgeburt an Quelle!
Solln alle in Angst ersaufen?
Seh ich über Wissensschwelle
doch schon Opferströme laufen.
Wo ich fein verkehrt
Opfer-Täter-Rolle,
damit keiner erfährt
von fehlender Kontrolle.

Wirst am Ende
doch nicht lassen?
Fachst an Massen.
Muss dich halten
und das Land
noch weiter spalten.

Seht, da kommt er schreiend wieder!
Wie ich dich in Dummheit wiege,
gleich liegst du konform darnieder,
hübsch brav in Diversitätsgelüge.
Toll medial getroffen!
Jetzt ist er Untervolk!
Und wir können hoffen,
dass er endlich folgt!

Wehe! Wehe!
Ach, er denkt noch,
kriecht heraus aus seinem Loch
und erreicht schon fast das Licht,
tritt schon bald uns auf die Zehe.
Mächte helft uns, trübt die Sicht!

Und er überlegt! Schwer und
　　　schwerer
wirds Verdecken, wirds Verstecken.
Welch entsetzlich grause Stille –
findet er den Dreck am Stecken! –
Da, wo Druck ist, ist auch Wille!
Mephisto, es ist Zeit!
Stets lauter wird die Grabesstille
Und ich bin sie leid.

„In die Ecke,
all ihr Besen!
Seids gewesen.
Ihr macht Geister!
Nur wer von euch ohne Schuld
inquiriert als neuer Meister."

27

Der gute Kollege

Ich hatt' einen Arbeitskollegen,
Einen fleiß'geren findst du nit.
Die Gewerkschaft rief zum Streike,
Er lief an meiner Seite
In gleichem Pfiff und Schritt.

Eine Kündigung kam sogleich nach.
Gilt sie mir oder gilt sie dir?
Seine Stelle wurde gestrichen,
Wird nun von mir ausgeglichen,
Als gehört' sie schon immer zu mir.

Will mich noch einarbeiten,
Derweil ich Überstunden mach'.
Kann dir nicht mehr zuhören,
Darfst mich nicht länger stören,
Mein guter Kollege vom Fach!

Fehlerhaft

s' war eine, der raubte es den Schlaf,
Da Fehlentscheidungen sie traf,
Sie wollt' es gern mal anders.

So denkt sie nun: „Wie mach' ich 's
        bloß?
Ich schweige, das ist makellos – "
Die Fehler blieben haften.

Da hat sie schnell sich abgewandt,
Doch wie es war, es noch so stand –
Die Fehler blieben haften.

Da dreht sie schnell die Wörter um,
s' wird aber auch nicht besser drum –
Die Fehler bleiben haften.

Sie sagt mal nichts, sie sagt mal
                weniger,
Es wird nicht leichter, sondern
                schwieriger –
Die Fehler bleiben haften.

Sie kreist um sich und schweigt sich
                aus,
Es hilft doch nicht, es bleibt ein
                Graus –
Die Fehler bleiben haften.

Und seht, sie schweiget immer noch
Und glaubt: „Es hilft mir letztlich
                doch   – "
Die Fehler bleiben haften.

Medusa

Ich weiß wohl, was es bedeutet,
Dass ich so zornig bin;
Ein Märchen aus jüngsten Zeiten,
Wird gefüllt mit medialem Sinn.

Das Klima ist rau und verdunkelt,
Vertrocknet liegt der Rhein.
Kein Gipfel, der mehr funkelt
Im faden Abendschein.

Und die Medusa sitzet
Dort oben fürchterlich
Und in ihrem Schweigen blitzet
Nichts auf, denn sie kennt nur sich.

Sie streichelt ihre Schlange,
Und lallt ein Lied dabei.
Das tönt wie Grabgesange
Mit einschläfernder Melodei.

Den Bürger mit seinen Appellen
Erfasst es mit wildem Schreck;
Er schaut nicht Gefahrenquellen,
Er schaut nur erstarrt drüber weg.

Ich glaube, am Ende bricht sie
Land und Untertan;
Das hat dann mit Demagogie
Die Medusa getan.

© Almut Weitze

33

Der Mensch ist dumm

Der Mensch ist dumm, der Mensch
　　ist blind,
Wird täglich arroganter!
Er hält sich gar für wohlgesinnt
Dem verursachten Durcheinander.

Der Mensch ist dumm, der Mensch
　　ist blind,
Wird andre immer verkennen;
Er weiß nicht, wie gefährlich
　　Gedanken sind,
Und wie schnell sie lodernd brennen.

© Almut Weitze

35

Die Idioten sind schon da

Die Idioten sind schon da,
alle, wirklich alle!
Welch ein Kreischen, Amüsiern,
ein Fremdwort, das Sich-
        Konzentriern!
Kontrollverlust nicht zu therapiern,
sind mitten im Verfalle.

Wie sie alle fleißig sind,
Jeden Furz dokumentieren!
Und das Schlimmste, das ist ja,
sie geht nicht mehr weg, die
        Idiotenschar,
wird blöder stets, von Jahr zu Jahr,
freut sich noch beim Blamieren.

Was sie uns verkünden nun,
bringt mir inzwischen Schmerzen:
Wenn ein Kind Schuhe binden kann
      und schreit,
Man ihm den Titel hochbegabt
      verleiht.
Die Wahrheit über Unwissenheit
diskriminiert nur aller Herzen.

Wer jetzt noch denkt und hinterfragt,
Betritt verbotenes Gelände!
Professoren, Autoren und andre
      Gestalten
sich stets über gleiche Themen
      unterhalten.
Slammer sich gar für Goethe halten.
Die Kunst ist wahrlich am Ende!

Wie sie alle schimpfen nun,
das Denken sei vermessen!
So wolln wir denn auch lustig sein,
lustig wie die Dummerlein,
uns über Belanglosigkeiten freun,
posten, slammen, vergessen.

Verschwinden

Es schwinden allmählich die Sterne,
Hinter grelldunkler Großstadtwand
Und kulturelle Ferne
Stößt an den Bildungsrand.
Die Zornesader schwoll mir,
Als ich mir still gedacht:
Ach, wenn man entfliehen könnte
Dem Gleichklang der Mediennacht!

Zwei alte Studenten gingen
Vorüber am Bashingdrang,
Ich hört' kakophonisch sie singen
Die stille Meinung entlang:
Von schwindelnden Politikerklüften,
Wo die Bilder rauschen so satt,
Von Quellen, die beim Lüften
Längst versiegt in V-förmigem Watt.

Sie sangen von Heldenbildern,
Von Fratzen, die überm Geschrei
In dämmernden Köpfen verwildern,
Vorbildern im Augenschein,
Wo die Menschen den Märchen
　　　lauschen,
Wenn Infolücken gestopft erdacht
Die Nachrichtenkanäle rauschen
In andächtiger Deutschlandnacht.

© Almut Weitze

Nacht

Es war als hätt' der Schlafe
Die Erde still umfasst,
Dass sie nun wie zur Strafe
Sich selbst nur sieht als Gast.

Ein Wort ging durch die Felder,
Und Kritik wogte sacht,
Es flossen still die Gelder,
So leise kam die Nacht.

Und meine Träume schlossen
All meine Wünsche ein,
Verblichen in den Gossen
Aus Trug und Medienschein.

© Almut Weitze

Freiheit

Vermutungen sind frei
Und können verraten
Sind immer dabei
Wie mächtige Schatten
Kein Mensch kann sie fliehen
Weil sie ihn durchziehen
Es bleibet dabei
Vermutungen sind frei

Drum denke, was du magst
Und was dich bedrücket
Doch acht auf was du sagst
Und ob es sich schicket
Kein Mensch kann sie fliehen
Wenn sie andre durchziehen
Es bleibet dabei
Vermutungen sind frei

Sei stille, bleibe still
Auch die Stille hat Ohren
Man deutet, was man will
Dann bist du verloren
Denn Wunsch und Begehren
Kann man dir verwehren
Es bleibet dabei
Nur Vermutungen sind frei

Und redet man dir ein
Was du zu denken hast
Und drängt sie sich dann rein
Die vorgedachte Last
Hör auf dich zu wehren
Gegen ihre falschen Lehren
Es bleibet dabei
Vermutungen sind frei

Dann kannst du auf immer
Den Sorgen entsagen
Und musst dich auch nimmer
Mit dem Gewissen rumplagen
So öffnet eure Herzen
All ihren schlechten Scherzen
Und denket dabei
Alle Vermutungen sind frei

Und sperrt man euch ein
In eurem eig'nen Kerker,
Das alles sind rein
Höchst erfolgreiche Werke
Denn ihre Gedanken
Errichten die Schranken
Und Mauern wertefrei
Aus Vermutungen wie Blei.

Ein Menschlein steht im Walde

Ein Menschlein steht im Walde, ganz
    laut und dumm.
Und seine Blindheit wirkt wie ein
    Narkotikum.
Sagt, wer mag das Menschlein sein,
Das sich fürs Maß hält ganz allein,
Weil 's denkt, es wär' von göttlichem
    Design.

Das Menschlein wohnt im Turme aus
    Elfenbein
Und ist schon lang am Ende mit
    seinem Latein.
Sagt, wer mag das Menschlein sein,
das schreit in kranken Wald hinein,
als gäb 's nur Sonnenschein statt
    letztem Stündelein.

Das Menschlein dort, das insgeheim
entscheiden will über alle allein
mit Schweinereien und Eseleien,
's wird wohl ein Politiker sein.

© Almut Weitze

Die Geschichte vom Menschlein

„Ob der Mensch wohl heute still
Seine Klappe halten will?"
Also sprachen monoton
die Medien ganz hübschfein
     synchron,
und Big Brother blickte stur
über die zerstörte Flur.
Doch der Mensch, er hörte nicht,
was ihm fürs Folgen man verspricht.
Er mault
und jault,
er plappert
und klappert
gegen verordnete Heiterkeit.
„Mensch, das missfällt der
     Einhelligkeit!"

Seht, ihr lieben Blinden, seht,
wie 's mit dem Menschlein weiter
      geht!
Schaut, wie ihm der Kamm jetzt
      schwillt!
Seht! Er quengelt gar zu wild,
bis er die Treppe runterfällt;
wo nichts und niemand mehr ihn hält;
nach dem Grundrecht nun er schreit.
Es nützt ihm nichts. Zur gleichen Zeit
sind gleich auch Red- und
      Meinungsfreiheit.
Meinungsbildung war einmal,
's wird vorgekaut und verdaut ganz
      zentral
in heutiger Einfaltigkeit.

Das Menschlein nun besonders
        schreckt,
dass Intellekt suspekt aneckt,
und wo es was bewirken wollte,
ihm Furcht und Zorn entgegengrollte;
alles, was es gern getan,
geschah doch nur im Hexenwahn;
alle Hoffnung ist entzwei,
und ihm ist nicht wohl dabei.
Nun fällt es ihm manchmal noch
        schwer,
doch zweifeln wird 's bald
        nimmermehr.

Schlaflied

Guten Abend, gute Nacht,
Von Geheimdiensten bewacht,
Von den Medien eingedeckt,
Schläfst auch du zu ihrem Zweck.
Morgen früh, wenn man will,
wirst du wieder gecheckt.

Guten Abend, gute Nacht,
Mit Halbwissen bedacht,
Das nur schlägt ganz sachten Schaum
Und so stützt einen fremden Traum.
Schlaf nur selig und süß,
Wieg dich in falschem Paradies.

Zwei Meinungen

Zwei Meinungen erhellend
Den dämmernden Geist!
Zwei Meinungen anschwellend
Entgleist und dreist!

Wie eine im Gekeife
Sich hebt und erregt,
Wird auch das Geseire
Der andern gepflegt.

Will eine losbrechen,
Die andre tobt mit,
Will eine sich rächen,
Straft die andre den Schritt.

Ein Witz

Ein Scherzkeks hockt auf der
      Terrasse
Auf dass er politische Witze verfasse
Und fällt alsbald ins Wirtschaftsloch
Durch einen Menschen namens
      Kroch
Kroch tobt: „Du ziehst nichts in den
      Dreck!
Machst du 'nen Witz, ist dein Job
      weg."

Zerfallen

Die Medien schreien,
Durchziehen das Netz in deine Welt,
's fängt an zu schneien –
Wohl dem, dessen Heimat nicht
    zerfällt!

Nun schaust du starr,
Gehst rückwärts ach! Sehr lange
    schon!
Weshalb, du Narr,
Bist vor dem Frost nicht in die Welt
    geflohen?

Die Welt – ummauert
Von tausend Träumen stumm und
    kalt!
Wer jetzt schläft
Wie du geschlafen, findet keinen
    Halt.

Nun schaust du bleich,
Zum Zuschauen verflucht,
Der Linse gleich,
Die stets nach längrer Dauer sucht.

Dreh, Auge, starr
Stories im Medien-Träumer-Ton! –
Verschließ, du Narr,
Deinen Verstand vor kaltem Hohn!

Die Medien schreien,
Durchziehen das Netz und deine
  Welt:
's fängt an zu schneien,
Weh dem, der Heimat noch für
  Heimat hält!

© Almut Weitze

Welt ohne Held

Am Ende von jedem Klischee
Ruhet jede Idee.
Allein Neid und Gier bieten Halt:
Fürcht' dich, der Kuckuck kommt
     bald.

In den Träumen ist 's kalt,
Leere gewinnt nun Gestalt,
Mahnende Worte verhallt:
Fürcht' dich, Schlaf kommt nun bald.

Bald ist hier tiefste Nacht,
Der stille Tod längst erwacht,
Alter in Armut verstummt,
Jugend zunehmend verdummt.

Erinnerung ausgebrannt,
Nachfragen viel zu riskant.
Hör' nur, wie 's leis' draußen fällt
In einer Welt ohne Held.

Aufruf

Wer jetzt spricht irgendwo in der
Welt,
ohne Grund spricht in der
Welt,
spricht nicht für uns.

Wer jetzt träumt in der eisigen Nacht,
ohne Grund träumt in der
Nacht,
träumt uns weg.

Wer jetzt wacht irgendwo in der
Welt,
ohne Grund wacht in der Welt,
wacht über uns.

Wer jetzt lebt irgendwo in der Welt,
      ohne Grund lebt in der Welt,
      ist längst tot.

Zeit

Jetzt ist es Zeit. Der Sommer war zu
    lang.
Streu Wut und Zweifel in die
    Kleingeister,
und füll den Sinn mit kaltem
    Müßiggang.

Lass letzte Liebende sich noch
    entzwein;
Nimm uns, was immer uns gehörte,
Es ist die Ewigkeit, die stets uns
    störte,
und fessle uns in ewgem Schein.

Wer jetzt kein Ende findet, findet
keines mehr.
Wer jetzt schweigt, wird lange
schweigen,
wird wachen, betrachten und
zurückbleiben
und wird in den Nächten hin und her
unruhig sich wälzen, wenn die
Gedanken treiben.

Verschleierung (I)

Seltsam, in Deutschland zu wandern!
Angst duckt hinter Busch und Stein,
Keiner spricht mit dem Anderen,
Jeder steht allein.

Demokratisch schien die Welt,
Als sich der Vorhang hob und jeder,
     so schien 's, Licht war.
Nun, da jeder schreit und doch den
     Mund hält,
Ist jeder richtbar.

Es wird wohl niemand weise,
Der nur das Dunkel kennt,
Das ungestört und leise
Uns von uns selbst bald trennt

Seltsam, in Deutschland zu wandern!
Wissen ist Einsamsein.
Kein Mensch traut dem andern,
Mut steht stets allein.

© Almut Weitze

Verschleierung (II)

Seltsam, in Deutschland zu wandern!
Angst duckt hinter Busch und Stein,
Keiner spricht mit dem Anderen,
Jeder steht allein.

Demokratisch schien die Welt,
Als sich der Vorhang hob und jeder,
      so schien 's, Licht war.
Nun, da jeder schreit und doch den
      Mund hält,
Ist jeder richtbar.

Es wird wohl niemand weise,
Der nur das Dunkel kennt,
Das ungestört und leise
Von allem uns wieder trennt.

Seltsam, in Deutschland zu wandern!
Wissen ist Einsamsein.
Kein Mensch traut dem andern,
Mut steht stets allein.

Der Gott des Geldes

Aus seinem Wolkenkratzer grinst er
    breit.
Die Winde schmeicheln sanft um
    seine Stirn.
Er schaut voll Arroganz auf ferne
    Emsigkeit
Der Massen, die sich nie zu ihm
    verirrn.

Vom Abend glänzt die goldne Nas
    dem Baal,
Die zähe Politik kniet um ihn her.
Der Steuerzahler ungeheure Zahl
Trägt ihn und sinkt hinab ins
    Nimmermehr.

Im stillen Totentanz dröhnt die Musik
Des Geldes über sie hinweg.
Die inszenierten Wolken der Kritik
Lösen sich auf, wie der Banken
  ungedeckter Scheck.

Die Ader pocht in ihren Schläfen,
  schwillt.
Der dunkle Abend wird in Wort
  betäubt.
Die Geier schauen auf ihr Cum-Ex-
  Götzenbild,
Zerdrücken den, der sich
  entgegensträubt.

Er giert ins Leere seiner Gelderflut.
Er schüttelt sich und prostet sich im
  Spiegel zu,
Dreht sich um sich. In seinem
  Übermut
Frisst er sie auf und grinst dazu.

© Almut Weitze

Letzte Worte

Wie dunkel ist dein Sinnen.
Und deine Hand starr und kalt.
Wie schnell ist der Sand am
   Entrinnen
Und dein Wort bald schon verhallt.

Unter dem rauschenden Klange
Bist du noch glaubhaft und klar.
Doch deine Augen schaun bange
In stets verdrängte Gefahr.

Morgen schon glimmt hier die Asche,
Durchzieht die flirrende Luft
Die altbekannt fremde Masche
In tiefer Kadaverkluft.

Aber die Tage werden
Finstrer nun, Jahr für Jahr.
Hier wo ein Leben so leise,
Als ob ich nicht du war.

Aller Trug will Ewigkeit

O Welt! Gib acht!
Wir fallen in tiefe Mitternacht!
„Komm Schlaf, naiv – ,
Aus tiefem Traum wird nicht
      erwacht: –
Der Fall ist tief,
Und tiefer als die Nacht gedacht.
Tief ist Wissen – ,
Lug – tiefer noch als Wissensdurst:
Wissen spricht: Verrissen.
Doch aller Trug will Ewigkeit – ,
– will finstre, finstre Ewigkeit!"

© Almut Weitze

Unfassbar

Nachdem sie Jahrtausende logisch
      dachten
(Und man darf sagen: sie dachten
      recht   gut),
Kam 's, dass sie Intellekt nur
      belachten
Wie manch schlechten Witz oder
      alten   Hut.

Sie wurden stets dümmer, statt
      gescheiter,
Versuchten zu tun, als ob nichts sei,
Sie zuckten die Schultern und
      wussten nicht weiter.
Dann lachten sie. Schließlich war
      nichts dabei.

Stattdessen begannen sie Fitness zu
treiben,
Sie rannten von früh bis spät in die
Nacht.
So blieb keine Zeit mehr zum Lesen
und Schreiben,
Man gab nur noch auf Äußeres acht.

Eine Handvoll Gebildeter blieb
zurück
Zwischen hohlköpfigen
Menschenmassen.
Betroffen verstummten sie Stück für
Stück,
Denn auch Kluge können manches
nicht fassen.

Das Volk

Hinter des Volks mühsamem
     Geschinde
Giert Politik mit ihrem Gesinde,
Regiert für sich nur, denn der Wähler
den sie hatte, hatte Fehler,
wollt doch, dass sich was verbessert,
wo lang sie perfektioniert verwässert.

Eines Tages sprach's Oberhaupt:
„Liebes Volk, ich seh', ihr glaubt,
Zusammen retten wir die Welt.
Ich stütz' den Glauben, ihr bringt das
     Geld.
Halt, bedenkt noch, was geschah,
Jetzt badet aus, was vor euch war!"

Also sprach's und winkte fein. –
Und taub für Nuancen kroch's Volk
      hinterdrein.
Und mehr Welt kam nun, als ihm
      recht,
Die sein Ich stahl und verzecht'
Und verschlang die arrogante fade
Made in Germany. – Schade.

Hinter des Volks mühsamem
      Geschinde
Giert Politik mit ihrem Gesinde.

Umformen

Erst die Geschichte
dann ein Gesetz
vielleicht die Regierung
dann möglichst das ganze Volk
dann wieder die Geschichte

Weitere Bücher

Weitze, Almut. *vergangen verblasst vergessen. Gedichte 1998-2005.* Norderstedt: BoD, 2017.

Weitze, Almut. *Tierische Zusammenstöße und weiteres missGeschick.* Norderstedt: BoD, 2017.

Weitze, Almut. *Tierische Begegnungen und andere Zusammenstöße.* Norderstedt: BoD, 2016.

Weitze, Almut. *Eine kleine Schwäche.* Norderstedt: BoD, 2015.

Weitze, Almut. *Wie der Osterhase Weihnachten durcheinanderbrachte.* Norderstedt: BoD, 2015.

Weitze, Almut. *Zirp und Rollewanst.* Norderstedt: BoD, 2015.

Weitze, Almut. *Kläffkonzert und Lyrikgewinsel*. Norderstedt: BoD, 2015.

Weitze, Almut. *Limericks - sonst nix*. Norderstedt: BoD, 2015.

Weitze, Almut. *GemeinGEFÄHRLICHe Tiergedichte*. Norderstedt: BoD, 2014.

Weitze, Almut. *Traum und Schein im Netz der Nacht.* Tönning [et al.]: Der Andere Verlag, 2010.